AF275767

Jorge Andrés Medina

Ínsula

Prólogo
Rafael Castillo Zapata

LA GARÚA · *Poesía*, 118

Primera edición: marzo de 2026

© del texto: JORGE ANDRÉS MEDINA
© del prólogo: RAFAEL CASTILLO ZAPATA
© de la presente edición:
LA GARÚA LIBROS
Barcelona
www.lagaruapoesia.com

ISBN: 979-13-991609-0-1
Depósito Legal: B 594-2026

PERMANENCIA DE UNA ISLA

voy hecho isla
buscando que me habites

He sentido una regocijante sensación de plenitud y de empatía anímica y verbal con *Ínsula*. Apenas comenzar a leerlo, de una vez caló en mi sensibilidad —en mi memoria poética, en el recuerdo de la parquedad que fue adquiriendo, sin yo darme cuenta, el fraseo de mi poesía en sus avanzadas finales— con la hondura sutil de una estocada ligera, con una punzada alegre de emoción cómplice: eso que nos ocurre cuando contemplamos un objeto o escuchamos una expresión que quisiéramos que fueran nuestras, es decir, que los hubiéramos producido nosotros para beneplácito de uno mismo y de los otros. Se trata de esa coincidencia inesperada que nos devuelve el sentimiento de habernos topado con un semejante, un hermano, un probable *hipócrita lector*.

Así me ha ocurrido con este libro pulcro y contenido, bien sujeto por las riendas en voces y en imágenes, de Jorge Andrés Medina. Sí, yo hubiera querido haber escrito este libro. Es más, repasándolo, me entra de repente la ilusión de que podría retomar, por el impulso que me han contagiado sus versos, el hilo perdido de mi propia poesía. Pero me parece tan acabado y tan contundente, tan exacto y tan sencillo a la vez, tan sin sobresalto ni aparato, tan sosegado y tan concreto que, al instante, me digo: ya Medina lo ha hecho, y no tiene caso insistir por el mismo camino. Me quedo, entonces, callado, cauteloso, escuchando resonar dentro de mí las paletadas de esas olas de mar que se despliegan a lo largo de la playa de sus páginas.

Los poemas de *Ínsula* son *stanze*, circunscritos *tableaux* donde la memoria pinta un paisaje real y a la vez imaginario, entrevisto entre las brumas de una nostalgia *marinera* encarnada en nombres marcados por el santo y seña de ceremoniosos apegos al lar nativo y a la infancia. Esos poemas, en su ilación, me parecieron, ciertamente, *tableaux d'une exposition*, un encadenamiento de suntuosas y serenas *vistas* construidas a imagen y semejanza de las últimas acuarelas de Cézanne. La pincelada escueta y el blanco de la página aúnan en estas *vistas* una concordancia perfecta, danzan una danza limpiamente acompasada. En ellas, para el que sabe mirarlas y escucharlas —pues, como decía Baudelaire, un buen cuadro se reconoce por la naturaleza de su *melodía*—, se sienten y se presienten aires reconocibles de cierta poesía venezolana que ha vuelto su mirada a la infancia para transmutarla en mitos de la tierra natal: Rafael Cadenas, Vicente Gerbasi, Ramón Palomares, Luis Alberto Crespo, Yolanda Pantin, Luis Pérez Oramas. Esos aires, no obstante, están decantados y filtrados, sublimados hasta encontrar la quintaesencia de su propia singularidad.

Los toponímicos regionales están airosamente dosificados en *Ínsula*, pero están todo el tiempo ocupando un lugar preciso en el poema: la presencia de lo *antillano*, por así decirlo, responde a sugerentes nombres compuestos, a nombres que se convierten en complementos gramaticales, en adjetivos, mediante sabios pases de mano en la pulcra talla del poema.

En *Ínsula* hay cierto lujo verbal, sin duda, pero es un lujo que escapa siempre de toda grandilocuencia —sus poemas están exentos de la exuberancia apasionada de Lezama Lima o de Piñera, de Saint-John Perse o de Walcott—. Aquí no se nombra a la Margarita que se esconde tras las alabanzas que la evocan y la invocan en la distancia, convocándola, elegíacamente, al poema, rindiéndole culto, venerándola, mediante tiernos apelativos de amante, de iniciado sensual y cariñoso.

No he podido dejar de encontrar, en este punto, correspondencias reconfortantes con un libro mío en el que se nombra, con su nombre, no obstante, una ciudad que amo con memoria *de cruz y de delicia*, Providence. Este detalle sentimental no agrega nada, tal vez, en sentido crítico, a esta sucinta lectura que hago de *Ínsula*, invitando al lector a su lectura. Pero si el testimonio de la resonancia de una voz en nosotros mismos carece de importancia, entonces, de qué vale el comentario literario, de qué valen prólogos y epílogos.

Entre, pues, el lector en esta *Ínsula* y asúmala a su aire, desde su propia necesidad y su propio apetito. Hará bien en dejar de lado estas palabras mías que, por encima de todo, son una forma de darle las gracias al poeta por lo que ha construido impecablemente. Son sólo eso; sólo eso y nada más.

RAFAEL CASTILLO ZAPATA
Noviembre de 2025

al Nácar

La poesía está hecha [...] con lo que nos falta,
con lo que no tenemos

JUAN CARLOS ONETTI

I. Nostos

*La memoria es el único paraíso
del que no podemos ser expulsados*
JEAN-PAUL SARTRE

Qué lejos queda el mundo
HARRY ALMELA

bajo el ramaje
      de tus yaques
reposo
y pienso en tu belleza
      que vuela turpial
por el azul de mi *antes*

toda la luz del ahora
es una evocación
de aquella bóveda de nubes
      atravesada por la inocencia
de tus cotorras

tu belleza es el cielo
reveroniano

que no puede evadirse

aunque lo seas *todo*
    en el recuerdo
fruta de mi infancia

no eres más que una ausencia

me aíslo
para poder tocarte

nadie sabrá que he partido
allá en el mundo

siento tu fragancia
marcaribe
y las orillas de mi infancia
esperan tu beso
para cerrar los ojos

deja que se muestren
los días felices
arropados
      con tu brisa tórrida

que me sea
      tu moneda plateada

canción de cuna

amanezco en tu nombre
y con temblor de boca

pero callo

y oigo tus raíces
estirar el músculo

quiero cavar
hacia tu núcleo

hallar la estancia
ácrona
        de tu alumbramiento

pero suelto la pala

cruzo los brazos

anochezco

estás en el aire
y rompes
      a lo lejos

colérica ola
      te oigo
cantar te oigo

mi boca paladea tu carne coco
tu rabia tamarindo

mis dedos saborean
tu arena caliente
      y saben
que intentas replicar el brillo
derramado de tus flores

siempre tratas
de ser lo que no puedes

bendita
      ante mis ojos

por alcanzarlo

en ti todas las cosas
encuentran el motivo
              para el cambio

liviana superficie
memoriosa

andas sobre el tiempo
por si un día se derrumba
no te aplaste

nadie puede de ti
ser expulsado
ni apartar con la mano
tu resplandor lunalleno

eres un jardín que oculta
sus espinas

bendita nuevamente
            dispuesta
a convertirte en polvo

juego a ti

    contigo

y siempre, Ínsula

dejas que gane

sin quererlo me incliné sobre ti
provocando que mi angustia
        te anochezca

borrando a mi pesar la espuma
rabiosa de tus olas
la sal cruda que se abraza
de tus piedras
la belleza fracturada de tus conchas

suprimiendo todo aquello que no sirve
a mi manía de creerte

diferente al mundo

terca quimera

tu nombre de mujer
está empapándome los labios

sueño tanto con tus playas

las corrientes asmáticas
del pensamiento
se mecen bajo el canto
de tu faro luna

dolorido
como ando
me solaza

asistir a la caída
        del primer rayo

que aterra y te revela

en el *adentro*

voy hecho isla

buscando que me habites

que sólo tu luz

tu voz

o tu silencio...

me he vuelto isla
porque anhelo

que permanezcas

te dicen perla
    y está bien

eres resultado de lo incómodo
mecanismo de defensa
contra lo áspero

agua nacarada
aire profundo
tierra salada

blanca y preciosa
luces en el cuello
de los once primeros

años de mi vida

crecen en mí
tus guayacanes

mi nostalgia
es flor azul
sobre ramajes amplectivos

dejo que sus hojas
hagan reguero
se me escapen en el habla
permito
que mi cuerpo embeba
  en sus raíces
la savia milagrosa
        y que se cure

de tu ausencia

abdica la sombra
bajo el sol pagano
y tus palmeras
   —en la costa sagrada—
me ofrendan agua
  de sus cocos

así el equilibro

abates mi piel
y me refrescas
como en los días
                amarillos

hoy también

en la memoria

me aíslo
para encontrarte

y mi niñez vuela
cotorra

¿volveré a verte reír?

sobre tu arena
          no pasan los años

frente al oleaje
que te cubre

          soy eterno

sé que sigues siendo paraíso
en nuestra ausencia

me apoyo en tus arenas blancas
flor de loto

confío a tu sol
mi ropa limpia

los días no se han vuelto un puente
derruido

estaría condenado

si te borran del mapa

se reúnen en tu cielo
las nubes de mi infancia

soy un hombre de papel
bajo sus lluvias

para llegar a ti
durante un tiempo

hizo falta combustible
carretera

cruzar el mar
que amanecía
de delfines

respirar la tierra
tórrida
que levantaban
sin querer
nuestros zapatos

hoy te alcanzo
detrás de mis párpados
exhaustos

cuando vence el ojo
y se destapa
amanece *adentro*

cardúmenes
se mueven
por mis lágrimas

peces muertos
en la fina estela

de mi sollozo

tierra paraíso
sin llanto nocturno

sin coartadas
que expliquen
lo evidente

tierra sin boca
que prometa

sin ceguera roja
y que no aprieta el puño

dulces tus mentiras
frente al engaño amargo
con que el mundo intenta

retenerme

tu ángel
    de piedra
y naufragio

—leyenda desmentida
por cabillas y cemento—

ha bebido de tu agua
sabor relámpago
    y cardumen

lo acompaño
    silencioso

en su nostalgia tierrafirme

tu tierra de nácar
y de sangre
        balbucea
el nombre de los héroes
en papel moneda

suya es la historia
y cierta gloria
        empañada por el frío
del presente

los héroes de la casa
        también fallaron
con valentía y amor
        por las paredes
de aquella patria mínima
que oprime mi memoria

nos hermana el fracaso
de los próceres
        nos parecemos en la lucha
por merecernos la gloria

que no nos recuerda

te conocí altanera

terca nostalgia
de aquellos días

cálidas tus telas amarillas

por qué no vienes
cuando más te necesito

habitas mi lengua
y aun así

te siento triste

alegría

a veces fantaseo
con que ardas
pero sé que volverás a mí
aroma incienso

a paso lento
      como el perdón
y ola de fuego

sé que me harás leña
para el muelle

de tu venganza

añoro tus lluvias
de polen

tus algas verdinegras
y el adiós de tu brisa
              cuando se aburre

tus olas
con sus dientes aferrándose
al mordisco de tu arena

tu cielo de esmalte
              azul redondo

tan distinto al color duelo
de tu ausencia

me imagino
deshojando
tu piel flora

ardua jornada
escribiendo epitafios
a las hojas caídas

no quiero ser
por última vez
sobre tu arena
de atardeceres

sal y polvo

no me perderé
en medio suyo
hecho ceniza

bajo el golpe
inmisericorde
de tu luz
blanquísima

II. Algos

Cada quién ha de llegar
a su isla
con los remos que tiene
HARRY ALMELA

la lengua entra
    en aislamiento
para hablarle
    a las ideas
del pasado

se contrae y se amola
    cortando con su filo
la palabra exacta

la lengua se pronuncia
en el *adentro*
    soledoso

el relato y la dicha
la traen de regreso

en el vaivén
    su nácar

recubre al mineral

que me lastima

herí la sombra
     del cometa
con pisadas torpes

corrí como quien vuela
y entonces
        solté el pabilo

qué decepción el tacto frío
que me dio la arena

saberme tan terrestre

y aquel papagayo
       dando vueltas
sosteniéndose del aire

    todavía

olvidé cómo apagar
el impulso

la arena fugitiva
abandonó la casa
de mi puño

queriendo callar
he dicho
deseando quietud
he tropezado

quisiera para mí
el carácter del paisaje
no la tormenta seca
adentro

la oscuridad
de su relámpago

hacia *afuera*

hay que respetar las vacaciones
restando importancia a los detalles

medir la voz
      sellar la ira
            vetar el lamento

no manchemos la blancura
            de estas horas escasas

para atender nuestros demonios
                  en la casa
sobra un año

se escabullen hacia tu fondo
los cangrejos

segundos de valentía
y pisada fuerte
me dieron la victoria
sobre tu vientre salino

a qué le temo
cuando amenaza
su retroceso

en cada contienda
me soplas a la cara

promesas de luto

jugaba a soportar el golpe
de las olas
      también a devolverlo
      inútilmente
revolcón y ahogo
al luchador de siete años
      con vocación extraordinaria
      para la derrota

aprendí el arte burdo
de la retirada
      y ahora observo con tristeza
      la victoria pírrica
que tiene cada una
al azotar la costa

      tanta *otra mejilla*
      tanto aplomo
las vuelve ante mis ojos
perdedoras
      con cuánta rabia las golpeé
      siendo pequeño
y ahora que cayeron tantos soles
mirándolas de lejos
            siento pena

¿por qué busco
plenitud
en el silencio
del poniente?

toda mi memoria
es un grito amordazado
hacia el levante

cuando amanezco
brillo guayacán
lleno de flores

y entonces memoria

    carcajada desde el eco

chapuzón ruidoso
cloratado

hora mía taciturna
aunque plena de alegrías
que nadie

que sólo a mí me pertenecen

cuando nublado
frío en la palabra

murana quietud
que se resguarda
de las manos torpes
del mundo

cuando de nubes
lleno
también lejanía

puro *adentro*

y una garúa

de la nada me aíslo
pierdo mi nombre
    y reflejo

me desconozco

hay un oleaje
    cuya caricia
me adormita

su espuma trae
noticias del mundo

pero antes de ser dichas

se desvanecen

quiero reunir las cosas
del *adentro*

que sostienen todo
cuando me aíslo

voy a encender con ellas
una pira

que llame la atención
del mundo

humo de Ariadna
que lo lleve

hasta mi orilla

o mis cenizas

a punto de llegar agosto
acudía la fiebre

emocional
diagnosticaba siempre
mi pediatra

hace tanto que lamías
con tu lengua fuego
las paredes de mi *adentro*

que ahora
        que no vienes

siento frío

la memoria tiene
maneras
de recrear
lo que perdimos

embustera y amorosa

dicta versos
que responden
la pregunta

¿qué habría sido?

el salitre
lo consume todo

intento que la piedra
de mi ayer
          y mi presente

vuelen p a p a g a y o
que se salven

ahora que el óxido
cumple su amenaza
   en esta

tierra tumba

arena

para el aislamiento

un *tal vez*
a merced de las olas

del infinito

el Ferry nos navega

somos el mar
     que lastima
con su quilla afilada

corta camino a través de nosotros

llevando un pasado
que no nos pertenece
todavía

a cada uno nos navega
mar memoria

y esperamos que algún día
sea naufragio
en nuestras aguas

que acabarán por tragarlo
y digerirlo

devolviéndole a la infancia
días felices

me aíslo
y alguien me reclama

¿qué nombre tengo
cuando isla

cuando solo?

mi cuerpo no está en el mapa

pero siempre
desde el mundo

alguien me encuentra

la Wagoneer de mi padre
levanta la tierra
y ya no veo el mar
        por su ventana

hace un silencio caluroso
que nos tiene sudando
        despedidas
nadie nombra al malestar
que reaparece

es nuestro último
día en la playa
queremos conservarlo
en nosotros

en un pequeño frasco
de compota
llevo agua del Caribe
piedras de mar

para el largo viaje de regreso
a nuestra casa

        sin orilla

cada vez que me hiere
    tu silencio empíreo
recuerdo que no eres

y pesan mis remos
sobre tu blanco

entelequia
tan acaso
memoria apenas

para que el mar te devore
  abandonar tu luz nevada

debo dejar de pronunciarte
estallido

permitir la efervescencia

de tu e s p u m a

nunca decimos
volveremos

no nos vamos del todo

Caracas no es más
que una pausa elaborada

en la ciudad nosotros

somos las islas

abro camino
    hacia tu paraíso
y una corriente
    caraqueña
me desvía

ninguna parte
sobre este oleaje
marantillano

y el viaje no termina
por más que el sol
    que la luna
no termina

la nave ofrece
su agasajo
    que *de tanto*
ya no basta

obsequia sus vapores
insinuando la tierra
y su calor rojizo

viajo sin saber
adónde
   ni por cuánto
sin porvenir a la vista
ni paz en la cubierta

   la nostalgia
en este barco de Teseo
se ha vuelto mi ancla

sin notarlo

Índice

Ínsula

II. Algos

LA GARÚA
POESÍA

*****

Ínsula, de *Jorge Andrés Medina*, se terminó
de imprimir y encuadernar en marzo de 2026.
Para la composición del texto se ha
utilizado la tipografía Goudy Old Style
sobre papel munken print de 90 gr.